BEI GRIN MACHT SICH IHR
WISSEN BEZAHLT

- Wir veröffentlichen Ihre Hausarbeit,
  Bachelor- und Masterarbeit

- Ihr eigenes eBook und Buch -
  weltweit in allen wichtigen Shops

- Verdienen Sie an jedem Verkauf

Jetzt bei www.GRIN.com hochladen
und kostenlos publizieren

Bibliografische Information der Deutschen Nationalbibliothek:

Die Deutsche Bibliothek verzeichnet diese Publikation in der Deutschen National-bibliografie; detaillierte bibliografische Daten sind im Internet über http://dnb.d-nb.de/ abrufbar.

Impressum:

Copyright © 2019 GRIN Verlag
Druck und Bindung: Books on Demand GmbH, Norderstedt Germany
ISBN: 9783668981737

Dieses Buch bei GRIN:

https://www.grin.com/document/494194

Pascal Sing

Ovids Exildichtung zwischen Realität und Fiktion

Eine literaturkritische Untersuchung

GRIN Verlag

GRIN - Your knowledge has value

Der GRIN Verlag publiziert seit 1998 wissenschaftliche Arbeiten von Studenten, Hochschullehrern und anderen Akademikern als eBook und gedrucktes Buch. Die Verlagswebsite www.grin.com ist die ideale Plattform zur Veröffentlichung von Hausarbeiten, Abschlussarbeiten, wissenschaftlichen Aufsätzen, Dissertationen und Fachbüchern.

Besuchen Sie uns im Internet:

http://www.grin.com/

http://www.facebook.com/grincom

http://www.twitter.com/grin_com

Ovids Exildichtung zwischen Realität und Fiktion

Eine literaturkritische Untersuchung

Pascal Sing

INHALTSVERZEICHNIS

1 Einleitung: Ovids pontische Dichtung als historische Quelle?

Im Jahre 8 n. Chr. wurde der römische Dichter Publius Ovidius Naso von Kaiser Augustus aus Rom nach Tomi am Schwarzen Meer (*Pontus Euxinus*) verbannt.[1] Dieses Gebiet stellte damals das entfernteste Randgebiet des römischen Imperiums dar, weshalb es von Ovid als *ultima tellus* bezeichnet wurde (trist.1,3,83). Die Beweggründe für diese Relegation[2] beschreibt Ovid selbst nur in Form von Andeutungen.[3] So spricht er von *carmen et error* (trist.2,207), die seine Verbannung nach sich zogen.[4] Bei dem verwerflichen Gedicht (*carmen*) handelt es sich vermutlich um die *Ars Amatoria*, mit der er laut Augustus römischen Ehefrauen den Ehebruch gelehrt und so dessen in den *Leges Juliae*[5] festgesetzte Sittenlehre konterkariert habe.[6] Der Irrtum (*error*) scheint eine bis heute unbekannte Indiskretion Ovids zu betreffen. Statt eines Verbrechens[7] wird ein Skandal vermutet, der direkt die kaiserliche Familie – wahrscheinlich Augustus' Enkelin Julia – betraf.

Von Tomi aus sandte der Dichter seine Exilwerke, die *Tristia* und seine *Epistulae ex Ponto* nach Rom, um eines Tages das Erbarmen des Kaisers zu erlangen.[8] Neben diesem vordergründigen Ziel eines Gnadenerlasses und einer evtl. Rückkehr nach Rom wollte Ovid mit seinen beiden Werken aus dem Exil wohl auch nachweisen, dass er trotz seiner

---

[1]*Zur Biographie von Ovid vgl. im Folgenden v.a. Giebel 1991; Bogs 1980 und auch Ehlers 1988. Allgemein mit dem Phänomen der Heimatferne in der römischen Literatur beschäftigt sich Doblhofer 1987.*

[2]*Im römischen Recht bildete die* relegatio *eine abgeschwächte Form des* exilium *und wurde während der Kaiserzeit durch Senatoren, Magistraten und den Kaiser verhängt. Der Relegierte behielt trotz der Standesstrafe weiterhin die römischen Bürgerrechte. Die Relegation konnte dabei unterschiedlich schwer ausfallen (vgl. hierzu Végh: "Relegatio", Der Neue Pauly).*

[3]*Die Beweggründe für die Relegation werden bei Rădulescu 2002 dargelegt.*

[4]*Von dieser* culpa *möchte Ovid keine genaueren Angaben machen, um nicht den Zorn des Augustus erneut zu erregen (trist.2,208-210).*

[5]*Zur Erhöhung der Ehemoral und zur Bekämpfung der Kinderlosigkeit erließ Augustus ca. 18 v. Chr. die* lex Julia de maritandis ordinibus, *durch das er standeswidrige Ehen verbieten ließ. Er erweiterte diese ca. 9. n. Chr. durch das* lex Papia Poppaea, *sodass die beiden Gesetze zu einer Rechtsschrift verbunden wurden:* lex Julia et Papia. *Vgl. hierzu U. Manthe: „lex Julia et Papia", der Neue Pauly.*

[6]*Im 2. Buch der Tristia nimmt Ovid persönlich Stellung zu den Vorwürfen des Augustus hinsichtlich der Ars Amatoria und widerlegt in seinen Augen die Anschuldigungen (trist.2,239-252). So schreibt Ovid: „non tamen idcirco legum contraria iussis/ suadent Romanas erudiuntque nurus" (V.243f.). Zudem behauptet er, dass nicht nur seine Werke, sondern „posse nocere animis carminis omne genus" (trist.2,264).*

[7]*Explizit als* error *oder* crimina, *nicht als* scelus *genannt (trist.3,11,33f.; trist.4,1,23f.).*

[8]*Hieraus dürfte hervorgehen, dass Ovids relegatio von besonderer Schwere gewesen war, da seine Verbannung – anders als die des Seneca unter Kaiser Claudius auf Korsika – von unbestimmter bzw. ewiger Dauer war (relegatio perpetua).*

Entfernung von der Heimat sehr wohl noch publikumswirksam auf Latein zu dichten vermochte.

Mit seinen beiden Verbannungswerken gilt Ovid als Begründer der Exilliteratur.[9] Das neu geschaffene literarische Genre umfasst sowohl autobiographische Werke wie bei Ovid als auch rein fiktive.[10] Da als authentisch präsentierte Exilliteratur neben realen auch fiktive Elemente[11] enthalten kann, stellt sich die Frage, wie Ovids Exilwerke bezüglich ihres Realitäts- und Wahrheitsgehalts zu bewerten sind.[12] So wird in der Altertumswissenschaft durchaus kontrovers diskutiert, ob Ovids Darstellung von Tomi einer realen migrationshistorischen Quelle gerecht wird oder ob Ovid seinen Verbannungsort entgegen den realen Gegebenheiten gezielt zu einem verfälschten Bild stilisiert hat.[13] Als Interpretationsmuster hierfür könnte eine Umkehrung des von Ernst Robert Curtius beschriebenen Topos des *„locus amoenus"* herangezogen werden, den dieser als in der europäischen Literatur seit der Antike auffindbares Motiv eines in einer „Ideallandschaft" angesiedelten „Lustorts" beschrieben hat.[14] Vor diesem Hintergrund stellt sich die Frage, inwiefern Ovid in seinen beiden Exilwerken das Motiv eines *locus horribilis* – gleichsam als Verkehrung des bekannteren Topos des *locus amoenus* – für seinen Verbannungsort Tomi entworfen haben könnte. Diesen beiden Fragen nach dem Realitätsgehalt der ovidischen Schilderungen seines Verbannungsorts und einer möglichen Verwendung des Topos eines *locus horribilis* soll im Rahmen der vorliegenden Arbeit unter Berücksichtigung literarischer und externer Gesichtspunkte wie archäologischer, ethnologischer, historischer und klimatischer Befunde nachgegangen werden.

---

[9]*Vgl. Coroleu Oberparleiter 2010, Florian 2007 und Claassen 1999. Hexter 2007 geht dabei noch genauer – unter Berücksichtigung Ovids als Vorreiter der Verbannungspoetik – auf die (auch fiktive) Exilliteratur im Mittelalter ein.*

[10]*Z.B. die sich an Ovids Schicksal orientierenden Romane „Dieu est né en exil. Journal d'Ovide à Tomes" (erstmals 1960) von Vintila Horia und „Die letzte Welt" (erstmals 1988) von Christoph Ransmayr (siehe dazu auch Schmitzer 2003).*

[11]*Auch bei Gaertner 2007 wird der Frage nachgegangen, inwieweit Ovids Exilliteratur „exilisch" gewesen war (eine ähnliche Fragestellung bei Ezquerra 2010).*

[12]*Frécaut 1972 warnt davor, dass der Wahrheits- und Aufrichtigkeitsgehalt einen der beliebtesten Ansätze der literarischen Kritik bildet.*

[13]*Fitton Brown geht sogar so weit, dass er Ovids Exil in Tomi gänzlich als Fiktion interpretiert (Fitton Brown 1985). Vgl. hierzu auch Ezquerra 2010 und Bérchez Castaño 2015, S. 26f. (hier auch eine Zusammenstellung von Autoren wie J.J. Hartman, O. Janssen, C. Verhoeven, A.D. Fitton Brown und H. Hofmann, die das Exil Ovids generell als reine Fiktion interpretieren, bzw. von Autoren, die Tomi als Ort des Exils für fiktiv halten, nicht jedoch die Tatsache des Exils in Zweifel ziehen (E. Lozovan, X. Ballester, J.M. Claassen und Bérchez Castaño selbst).*

[14]*Vgl. Curtius 1948.*

2 Analyse von Ovids Schilderungen der Schwarzmeerregion

2.1 Namensgebung und Gründungsmythos von Tomi bei Ovid

Im dritten Buch der *Tristia* schildert Ovid sein erstes Jahr am *Pontus Euxinus*.[15] Während er sich noch am Ende des ersten Buches optimistisch gibt[16], die Relegationszeit überstehen zu können, befällt den Dichter jetzt eine Angst: Sein Exilort berge Gefahren, die er zunächst nur vermutet und nun bestätigt sieht. Um sein Publikum in Rom auf die menschenfeindliche Schauerlandschaft in Tomi einzustimmen, weist Ovid in trist. 3,9 auf den Gründungsmythos seines Verbannungsortes hin. In Tomi[17] sei nach Ovid der aus der griechischen Mythologie bekannte Mord an Absyrtos geschehen – ein Höhepunkt der Argonautensage, die Ovid freilich in seiner eigenen Version widergibt.[18] Nach dem Raub des Goldenen Vlies' und der Flucht aus Kolchis gelangen demnach Jason und Medea in das Meeresgebiet vor der Küste von Tomi, während sie von der Flotte des Königs Aietes (Vater von Medea und Absyrtos) verfolgt werden (trist.3,9,7-10). Um nun den rachsüchtigen König aufzuhalten und diesen zur Rückfahrt nach Kolchis zu bewegen, schlug Medea mit ihrem Schwert auf ihren Bruder Absyrtos ein (trist.3,9,25f.) und „membra **per agros**/ dissipat in multis invenienda locis" (trist.3,9,27f.).[19] Die anschließende Verstümmelung des Opfers legt Ovid fälschlicher Weise seiner Etymologie des Namens Tomi zugrunde, den er auf das griechische Verbum τέμνειν (teilen, schneiden, zertrennen) zurückführt: „Inde Tomis dictus locus hic, quia fertur in illo/ membratim fratrem consecuisse soror." (trist.3,9,33f.). Dass Ovid seine Version des Mordes und den Ort des Geschehens ganz bewusst heranzieht, um seinen Verbannungsort als einen bereits seit der Stadtgründung blutig konnotierten *locus horribilis* und somit als „Tatort" darzustellen[20], zeigt ein Vergleich mit den meisten

---

[15]*Die Narratologie in den Verbannungsbriefen wird von Seibert 2014 präzise untersucht.*
[16]*Dieselbe Ansicht bei Florian 2007.*
[17]*Auch von den Wortwurzeln Τόμοι/Tómoi, Τόμις/Tómis, Τῶμις/Tômis ins lat. Tomi abgeleitet.*
[18]*Mit „constat" (trist.3,9,6) drückt Ovid hier aus, dass die Schandtat nach seiner Auffassung ein geschichtlich fundiertes Faktum ist.*
[19]*Medea kam der Gedanke des Brudermordes erst, als sie Absyrtos zufällig ansah: „ad fratrem casu lumina flexa tulit" (die ganze Passage in trist.3,9,21-24). Diese Familientragödie ist somit auf doppelte Weise verheerend: Der Mord wird sowohl die Familie als auch den Ort des Geschehens (laut Ovid nämlich Tomi) aufgrund eines unglücklichen Zufalls für immer belasten. Cicero dagegen meint, dass Medea diesen Mord berechnend und nicht zufällig in Kauf nahm: „Huic ut scelus, sic ne ratio quidem defuit" (Cic. nat. deor. 3,68,1).*
[20]*Siehe hierzu besonders Beck 2006, aber auch Pieper 2016.*

anderen antiken Schriftstellern, die den Absyrtos-Mord nicht auf den Feldern („per agros") um Tomi lokalisieren.[21]

Insgesamt besteht somit keine Eindeutigkeit hinsichtlich des Tatorts. Ovid lässt eine explizite Lokalisation durch den vagen Ausdruck „per agros" (trist.3,9,27) zwar bewusst offen[22], es gelingt ihm nach Beck aber, „seinen Verbannungsort in möglichst düsteren Farben zu malen und unter zu Hilfenahme einer ebenso geistreichen wie falschen Etymologie [...] Tomi zum Ort der barbarischen Ermordung von Absyrtos zu machen"[23].

2.2 Vorstellung Ovids von seinem Verbannungsort und dessen geographische Verortung

In vielen römischen und griechischen Literaturquellen wird Skythien, als dessen Bestandteil bzw. in dessen Randgebiet Ovid seinen Verbannungsort Tomi lokalisiert[24], als unfruchtbares Land dargestellt. Dabei sind die Grenzen des skythischen Reiches aus schriftlichen Zeugnissen und archäologischen Funden nur ungenau zu bestimmen, da die Völker der Skythen[25] und Geten größtenteils umherziehende Nomaden[26] waren. Darüber hinaus hat die Mehrzahl der antiken Schriftsteller die Landschaft und die Menschen der westlichen Schwarzmeerregion niemals selbst kennengelernt. Als

---

[21]Vgl. Pherekydes von Athen (5. Jh. v. Chr.)[vgl. dazu FGrH 3 F 32a], Sophokles (5. Jh. v. Chr.), Euripides (5. Jh. v. Chr.) und Kallimachos (3. Jh. v. Chr.), die den Palast des Aietes in Kolchis als Tatort nennen, sowie Apollodor von Athen (2. Jh. v. Chr.) mit dem Schwarzen Meer als Ort des Geschehens. Diese Autoren lebten alle vor Ovid, sodass erwiesen scheint, dass Ovid Tomi als Tatort tatsächlich mit Absicht gewählt hat. Lediglich Cicero in De natura deorum und Lucius Accius (2. Jh. v. Chr.), an dem sich Cicero orientiert, schildern den Tatort ähnlich wie Ovid. Ovid wiederum greift in trist.3,9,27f. fast wörtlich auf Ciceros Verse zurück: „puerum interea optruncat membraque articulatim/ dividit/ **perque agros** passim dispergit corpus" (Cic. nat. deor. 3,67,6-8). Vgl. hierzu Beck 2006, 393.

[22]Meist wird die Möglichkeit einer Lokalisierung des Mordes in Tomi von anderen Autoren aufgrund der Quellenlage angezweifelt. Vgl. hierzu die ausführliche Diskussion von Beck 2006 über die Bedeutung von „per agros" unter Heranziehung von zwei Schlüsselstellen in Vergils Georgica und in den Metamorphosen des Ovid. So muss „per agros" nicht zwangsläufig „über den Feldern", sondern kann auch „weit verstreuen" bedeuten. Letzten Endes neigt Beck auch der Interpretation zu, dass Ovid Tomi bewusst zum Ort des Mordes an Absyrtos macht.

[23]Vgl. Beck 2006, S. 394.

[24]Vgl. zur geographischen Verortung Tomis Podossinov 1987, 24-36. Hierzu gehört auch die für Tomi nicht zutreffende Beschreibung der Position des Polarsterns bei Ovid, die von Bérchez Castaño als Hinweis auf die fehlende Ortskenntnis Ovids interpretiert wird (vgl. Bérchez Castaño 2015, S. 116f).

[25]Aus Herodt.4,6 gehen verschiedene Entstehungsgeschichten des skythischen Stammes hervor. So soll der Gründungsvater der Skythen Targitaos gewesen sein, der drei Söhne gehabt habe, von denen jeder einzelne ein Stück des Landes vom Vater erhielt. So entstanden auch drei einzelne Stämme: die Auchaten, die Katiarer und Paralaten, die unter dem Volk der Skoloten zusammengefasst wurden. Die Griechen dagegen nannten sie Skythen.

[26]Herodot charakterisiert die Stämme eindeutig als Nomaden und nicht als ortsansässige Ackerbauern (Herodt.4,2).

wichtigste antike Quellen gelten dabei Vergils *Georgica* und die *Historien* des Herodot, an die auch Ovids Exilwerke immer wieder anknüpfen. Allerdings kommt Ovid auch in seinen bereits vor seiner Relegation entstandenen Werken auf die Skythen-Thematik mehrfach – meist eher kursorisch als vertiefend – zu sprechen. Dabei stellt er weniger Fakten zu Skythen und Geten dar, sondern bedient sich eher allgemeiner Stereotypen und Vorurteile. Dies dient auch der Schilderung und Rechtfertigung der eigenen negativen Gefühle im Exil, die er als Intellektueller und römischer Stadtbürger gegenüber diesen „Barbaren" am *ultima tellus* hegt, da aus römischer Perspektive die Ungebildetheit der Menschen mit deren geographischer Entfernung vom kulturellen Mittelpunkt Rom und dessen Zivilisation zunimmt. Diese Kulturferne spiegelt sich in Ovids Dichtung in der Landschaft wider, die schon lange vor den *Tristien* in den *Amores* (Ov.am.2,16,33-39) als menschenfeindlicher Ort dargestellt wird: „At sine te [...]/ non ego Paelignos videor celebrare salubres/ non ego natalem, rura paterna, locum/ sed Scythiam Cilicasque feros viridesque Britannos". Hierzu kontrastiert er das „gesunde Land der Päligner" – dort liegt sein mittelitalienischer Geburtsort Sulmo – mit dem Land der Skythen. Im selben Vers nennt Ovid als Bezugsgröße auch die aus Caesars Feldzügen als feindlich bekannten Britannier sowie die als Piraten berüchtigten und von Pompeius unterworfenen Kiliker im Südosten Kleinasiens.

Die Grenzwahrnehmungen, welche Ovid nach Sonnabend zwischen Rom und Tomi beschreibt bzw. stilisiert, hat Ovid schon vor seiner Verbannung literarisch genutzt.[27] Für ihn stellt demnach das Überqueren der Landschaftsgrenze eine Art von literarischem Leitmotiv dar, auf das er immer wieder zurückgreift. Bereits in den *Metamorphosen* beschreibt Ovid das Randgebiet der Ökumene aus Sicht der Fruchtbarkeitsgöttin Ceres. Diese – gleichsam als Schutzgöttin für landwirtschaftliche und klimatische Gegebenheiten – beschreibt Skythien als unfruchtbare Einöde von eisiger Kälte (Ov.met.8, 787-791): „Est locus extremis Scythiae glacialis in oris/ triste solum, sterilis, sine fruge, sine arbore tellus/ frigus iners illic habitant Pallorque Tremorque/ et ieiuna Fames. [...]". Hervorstehend ist dabei die Verbindung von personifizierten Zuständen („Pallorque Tremorque [...] Fames"), die klimatisch („glacialis", „triste solum", „sterilis","frigus") bedingt sind, mit dem Wort „habitant", das auf einen Dauerzustand des Klimas hinweist und in einem Wortspiel „Furcht", „Zittern" und „Hunger" neben den Barbaren als dauerhafte „Bewohner" dieser Gegend darstellt.

---

[27] *Siehe dazu Sonnabend 1998.*

In Ovids frühen Werken finden sich auch erste Beschreibungen der Provinz *Moesia inferior*, in der Tomi liegt.[28] Im ersten Buch der *Metamorphosen* schildert Ovid in der Erzählung von der Gestaltung von Himmel und Erde die Trennung in eine westliche und eine östliche Welt, die durch den Stand der Sonne konstruiert werden (Ov.met.1,63-66): „vesper et occiduo quae litora sole tepescunt/ proxima sunt Zephyro; Scythiam septemque triones/ horrifer invasit Boreas; contraria tellus/ nubibus adsiduis pluviaque madescit ab Austro". Skythien liegt demnach in nördlichen Breiten und leidet unter dem Aufeinandertreffen des kalten Nordwind *Boreas* und des regenreichen Südwindes *Auster*. Wasser und Schnee, der die Gewässer vereist, laufen in Flüssen und Bächen des Hochlands zusammen, die ebenfalls zur Schilderung der Topographie genannt werden.

Zur weiteren Darstellung der ovidischen Verortung seines Exilorts muss allerdings vermehrt auf die Verbannungsbriefe zurückgegriffen werden, da die frühen Werke des Dichters hierzu nur vage Angaben machen. Im dritten Buch der Tristien schreibt Ovid (trist.3,4b,49-52): „Bosporos et Tanais superant Scythiaeque paludes/ vix satis et noti nomina pauca loci/ ulterius nihil est nisi non habitabile frigus/ heu quam vicina est ultima terra mihi". Ovid trennt hier Don (lat. *Tanais*) und Bosporus klar von Skythien ab. Diese liegen nach Ovid noch nördlicher als Skythien. Allerdings spürt man in Tomi bereits die *ultima terra*. Dieses Land steht laut Ovid im starken Gegensatz zum Königreich Kolchis – durch die Worte im 6. Brief der Hypsipyle Jasoni (Ov.epist.12,108-109) klar von Skythien abgetrennt –, welches in der Argonautensage zum einen als Reich des grausamen Aietes, zum anderen aber als fruchtbarer Aufbewahrungsort des Goldenen Vlies' bekannt wird. An anderen Stellen gibt Ovid die geographische Lage Tomis – trotz seiner Rückgriffe auf Herodot und Vergil – nicht immer korrekt wider[29], meist mit dem Ziel Tomi und Skythien noch nördlicher, unzugänglicher und unwirtlicher erscheinen zu lassen.

---

[28]*Vgl. hierzu auch Kapitel 2.5.*

[29]*Z.B. schreibt Ovid in Anlehnung an Herodot von dem zunächst süßen, dann mit bitteren Salzen versehenen Strom Hypanis, der bei Ovid im skythischen Gebirge entspringt („Scythicis de montibus ortus", Ov.met.15,285-286), bei Herodot jedoch aus einem See im skythischen Inland fließt (Herodt.4,52). Auch an anderen Stellen finden sich nicht korrekte geographische Angaben: So lokalisiert Ovid beispielsweise das Kaukasus-Massiv gemäß der literarischen Tradition (so auch Aischylos [Aischyl.Prom.1,1-14]) geographisch nicht korrekt an der Westküste des Pontus („Ponti qua plaga laeua", Ov.epist.12,28; „Devenit in Scythiam rigidique cacumine montis/ Caucason appellant" Ov.met.8,796-798). Ebenfalls kommt es bei Ovid öfter zu einer Gleichsetzung des östlichen mit dem westlichen Pontus-Ufer. Vgl. die Stellungnahme von Kettemann 1999 und des Weiteren auch zu den Kaukasus Schilderungen Podossinov 1987, S. 28-30.*

2.3 Ovids Schilderung der Lebensumstände in Tomi

In seinen Briefgedichten aus dem Exil führt Ovid unermüdlich die Klage an, in das von Rom am weit entferntesten Randgebiet, das *ultima tellus*, des Römischen Reiches verstoßen worden zu sein. Auf seinem beschwerlichen Weg dorthin machte er dabei fünf Grenzerfahrungen[30], die ihm bereits auf der Überfahrt von Rom ins ferne Skythien vor Augen traten. Dabei schwingt stets Ovids Bild von Tomi als Verbannungsort fernab aller zivilisierten Werte mit. Um die Darstellung des ovidischen Tomi mit den tatsächlichen Gegebenheiten, soweit diese aus antiken Quellen und archäologischen Befunden ableitbar sind, vergleichen zu können, müssen daher zunächst diese sich aus dem Kontrast Tomi-Rom[31] ergebenden Grenzerfahrungen Ovids näher betrachtet werden.

2.3.1. Erfahrung einer Landschaftsgrenze

Eine erste Grenzerfahrung Ovids betrifft die Landschaftsgrenze, die zunächst durch die geographische Lage Tomis am Schwarzen Meer und dessen natürliche Umgebung konstruiert wird. Bedeutend für Ovids Verbannungsort ist neben dem gewaltigen *Pontos Euxeinos*[32] die Donau[33], die den Einwohnern Schutz vor den Barbaren am anderen Ufer bietet (trist.2,191f.). Allerdings ist dies nur der Fall, solange das Meer („maris adstricto quae coit unda gelu" [trist.2,196]), der Fluss und der Pontus nicht zufriert („vidimus ingentem glacie consistere Pontum" [trist.3,10,37]), wie es seit Ovids Ankunft dreimal geschehen sein soll: „Ut sumus in Ponto, ter frigore constitit Hister/ facta est Euxini dura ter unda maris" (trist.5,10,1-2). Mit dem Bericht vom Vereisen der Donau und auch des Schwarzmeers scheint der Dichter abermals der literarischen Tradition gerecht zu werden.[34] Ganze Schiffe blieben im Eis eingeschlossen nutzlos im Hafen, der

---

[30]*Eine ähnliche Sichtweise bezüglich der Grenzerfahrungen findet man bei Sonnabend 1998. S. auch Pieper 2016. Auch bei Herodot findet man laut Männlein-Robert 2012 Grenzen, die sich jedoch von denen des Ovid in der Anzahl (2 bzw. 3 Grenzen) und deren Beschaffenheit (Ergänzung einer Religionsgrenze) unterscheiden. Siehe auch Hind 2011.*

[31]*Tomi erscheint bei Videau-Delibes als „une image de Rome en négatif" (zit. nach Bérchez Castaño 215, S. 143).*

[32]*Die antike Bezeichnung Πόντος Εὔξεινος entstand nach Ovid aus dem Wort ἄξεινος "ungastlich" (vgl. „dictus ab antiquis Axenus ille fuit"; V.56 aus trist.4,4,55f.). Dagegen stammt der Name vermutlich von den Iraniern, die das Meer als achshaenas fürchteten. Obwohl es bereits zu ovidischen Zeiten den Begriff Schwarzes bzw. Gastfreundliches Meer gab (Eur. Iph. T. 107: πόντος μέλας), nutzte der Dichter das Wortspiel aus, um das Gebiet düster zu zeichnen. Bereits zuvor haben Geschichtsschreiber wie Herodot den Pontus beschrieben; vgl. hierzu Olshausen: "Pontos Euxeinos", Der Neue Pauly sowie Kettemann 1999.*

[33]*Zur Flussgrenze in der Antike schreibt Marzolff 1994.*

[34]*Vergils Schilderungen stimmen mit denen Ovids oftmals überein. Podossinov 1987 vertritt ebenfalls diese These (S.123f.). Zu möglichen literarischen Vorlagen Ovids bei seiner Schilderung*

Schiffsverkehr komme zum Erliegen und mit Fuhrwerken käme man auf den Gewässern besser voran (Verg. georg.3,360-363; trist.3,10,31-34). Ovid erweitert hier seine Variante des „arktischen Winters". Um die Glaubwürdigkeit zu erhöhen, nennt Ovid den Reisenden Vestalis als Augenzeugen: „ipse vides onerata ferox ut ducat Iazyx/ per medias Histri plaustra bubulcus aquas" (Pont.4,7,9-10).[35]

2.3.2 Erfahrung einer Klimagrenze

Eine Folge der durch die Landschaftsunterschiede bedingten Grenzerfahrung bildet die Erfahrung einer Klimagrenze, die Italien von Moesien abtrennt. Im Unterschied zu Ovids Geburtsort Sulmo herrscht am Schwarzen Meer eisiges und stürmisches Klima: „cuncta sed inmodicum tempora frigus habet" (Pont.3,1,14). Auch starrt das Land vor ewigem Frost: „frigore perpetuo Sarmatis ora riget" (Pont.2,7,72). Ebenso wie bei der Beschreibung der Donau gibt es hier Parallelen zwischen Vergil und Ovid (vgl. Verg.georg.3,363-364 vs. trist.3,10,23-24; Verg.georg.3,366 vs. trist.3,10,21-22; Verg.georg.3,383 vs. trist.10,19-20).

2.3.3. Erfahrung einer ethnischen Grenze

Die dritte Grenzerfahrung betrifft eine ethnische Grenze. Ovid stellt die Bewohner von Tomi gemäß der von Vergil und Herodot vorgeprägten Stereotype von skythischen Barbaren[36] als primitiv und wild dar. Allerdings waren die Skythen nicht das einzige Volk am *Pontus Euxinus*, wie es bei Ovid gelegentlich vermittelt wird. Im Gegenteil, die ethnographische Zusammensetzung der *regio Tomitana*[37] erweist sich als deutlich heterogener. So lebten hier Geten[38], Sarmaten, Bastarner, Jazygen, Bessen, Korallen und Bistonen (trist.3,10,1-7). Diese Stämme bevölkerten im 1. Jh. n. Chr. die vorderasiatischen Steppen zwischen Donau und Altai, wobei die Donau die Grenze zur römischen Zivilisation bildete. Durch die vielen Einzelstämme, die sich das begrenzte

---

des arktischen Klimas vgl. die Zusammenschau von Belegstellen bei Herodot, Vergil, Strabo und Hippokrates vgl. Bérchez Castaño 2015, S. 132ff.

[35]Ovids These wird auch heute noch von Wissenschaftlern unterstützt, die die Meinung vertreten, dass die Temperaturen zu Zeiten des 1. Jh. n. Chr. in der Schwarzmeerregion deutlich niedriger und der Niederschlag höher gewesen sein dürfte als heute (laut Podossinov 1997 behauptet dies u.a. I. E. Bučinskij: O klimate prošlogo russkoj ravniny, Sankt Petersburg 1957, S.34). Dem entgegen steht die Schilderung der klimatischen Verhältnisse im Schwarzmeergebiet bei Bérchez Castaño 2015, S. 135.

[36]In drei Essays beschreibt Tsetskhladze die Lebensweise der Skythen, ähnlich wie es Avram 2011 für die Geten macht. Dabei werden auch die ovidischen Texte einbezogen (vgl. Tsetskhladze 2011).

[37]Prägend für diesen Begriff scheint u.a. Podossinov 1987.

[38]Zu den Geten und ihren Bräuchen vgl. Avram 2011 und Favez 1951.

Gebiet teilten, kam es häufig zu Auseinandersetzungen – untereinander und mit den Menschen am Unterlauf der Donau. All diese Eindrücke verwendet Ovid als Dichter in seinen Exilwerken, nicht als Ethnograph. Seine Absicht war es jedoch nicht, eine detaillierte Darstellung aller Völker und deren Geschichte widerzugeben, sondern die Probleme, die mit der Vielzahl der Völker einhergingen, zur Illustration der widrigen Lebensumstände am Schwarzen Meer zu nutzen. Dabei stellt sich die Frage, ob diese Stämme überhaupt alle in unmittelbarer Nähe Ovids gewesen sein können und ob diese tatsächlich – wie von ihm vermittelt – eine Gefahr für die Stadt Tomi selbst oder gar für die *Pax Romana* als Ganzes darstellten. In Pont.1,2,103-114 nennt Ovid vier Stämme – Geten, Sarmaten, Skythen und Bistonen –, die alle im direkten Umland von Tomi angesiedelt seien. Ähnlich wie bei anderen antiken Autoren darf auch bei Ovid davon ausgegangen werden, dass Völker und Landschaften nicht immer geographisch korrekt verortet sind, sondern gelegentlich auch in andere Regionen gleichsam „versetzt" wurden.[39] Zwar repräsentierte jeder dieser vier genannten Stämme, die sich in Waffen, Sitten, Kampftechniken und heidnischen Bräuchen voneinander unterschieden, für die Römer eine spezifische Gefahr, dennoch werden sie alle unter den Begriffen „Barbaren" und „Skythen" subsummiert. Das skythische Reitervolk wird so zur Ikone für alle feindlichen Stämme. Dahinter steht Ovids Absicht, seinen Verbannungsort entgegen der tatsächlichen ethnischen Zusammensetzung mit Hilfe des tradierten Skythenbildes als *locus horribilis* darzustellen.

Erreicht wird dieses Ziel zudem durch die von Ovid aus antikem Denken übernommene Annahme, dass zwischen der Eigenart einer Region und der ihrer Bewohner ein untrennbarer Zusammenhang herstellbar sei. So gelten Skythen und Geten wie Völker aus dem Norden generell als „rigidi" (trist.5,1,46), „crudi" (trist.5,3,8), „extremi" (trist.5,12,10) und „saevi" (Pont.1,7,2).[40] Für das römische Verständnis fremder Völker ist dabei grundlegend, dass alle fremden Kulturen in erster Linie mit der (stadt-)römischen verglichen werden. Die Einordnung eines Volkes in die Kulturskala der Römer erfolgt demnach in Abhängigkeit von dessen geographischer Entfernung vom Kulturmittelpunkt Rom und ist hinsichtlich seiner Kulturnähe bzw. -ferne exakt definierbar. Im Falle der Schwarzmeerregion dominiert hierbei für Ovids römisches

---

[39] *Vgl. analog hierzu auch die geographischen „Versetzungen" von Regionen, wie z.B. des Kaukasus (siehe Kap. 2.2 dieser Arbeit).*
[40] *Vgl. auch Kettemann 1999.*

Publikum das über Stereotypen vermittelte Bild von Skythen als barbarisches, nordisches und feindliches Volk.[41]

Ovid übernahm einen Teil der Vorstellungen der antiken Geschichtsschreiber und orientierte sich vor allem an den Schriften Herodots und Vergils. Der besondere Einfall des relegierten Ovids bestand jedoch darin, das an der Westküste des Schwarzen Meeres gelegene Tomi mit Skythien gleichzusetzen, damit seine römischen Leser negative Assoziationen mit diesem Ort verbinden. Er überträgt gewissermaßen dieses Schreckensbild der Skythen auf seinen Verbannungsort. Ovid schildert daher die Bewohner von Tomi als Barbaren, kaum des Menschennamens würdig: „vix sunt homines hoc nomine digni" (trist.5,7,45), die sogar die Wölfe an Grausamkeit und Wildheit überträfen: „quamque lupi saevae plus feritatis habent" (trist.5,7,46). So gelte es bei ihnen als Schande, nicht vom Raub zu leben: „quae sibi non raptu vivere turpe putant" (trist.5,10,16). Ovid nutzt also die stereotypen und ethnozentrischen Vorstellungen der Römer von nordischen Völkern gezielt aus, um sein Los in der Verbannung beim römischen Publikum möglichst drastisch auszumalen.

2.3.4. Erfahrung einer Militärgrenze

Eine weitere Grenzerfahrung Ovids ist in der Bedeutung der Donau als militärische Grenze begründet. Ausgangspunkt hierfür ist die von ihm als feindlich geschilderte ethnische und barbarische Zusammensetzung rund um Tomi. Nach Berichten der römischen Militärverwaltung mussten noch 15 v. Chr. römische Einheiten gegen Grenzverletzungen seitens der Sarmaten kämpfen.[42] Außerdem war das römische Heer zwischen 6-9 v. Chr. unter Caecina Severus im Rahmen des pannonisch-dalmatischen Konflikts in Kämpfe mit Dakern und Sarmaten verwickelt. Die militärischen Konflikte verstärkten sich noch einmal stark zur Zeitenwende. Auch Augustus begann 10 n. Chr. angesichts der Gefährdung seiner *Pax Augusta* durch aufständische Völker einen Feldzug, also genau zur Zeit des ovidischen Exils in Tomi. Nach eigenen Schilderungen lebt Ovid am *Pontus Euxinus* in ständiger Angst vor Barbareneinfällen und Plünderungen, vor denen nur die gut befestigte Stadtmauer schützen („aut videt aut metuit locus hic, quem non videt, hostem" (trist.3,10,69)). Besonders dramatisch illustriert der Relegierte sein Los: Er habe bislang nur Gedichte geschrieben und schon als junger Mann die militärischen Kämpfe gemieden. Nun als alter Mann müsse sogar er Schwert und Schild

---

[41]*Schon Herodot beschäftigte sich vor Ovid ethnographisch mit den Skythen. Er gelangte zu der Folgerung, dass jedes Volk nach einem bestimmten Darstellungsschema behandelt werden kann.*
[42]*Zu diesen und weiteren Angaben über die Geschichte Moesiens siehe auch Burian, Schön und Wittke: "Moesi, Moesia", Der Neue Pauly; und Podossinov 1987, S.135f.*

ergreifen, um sein Überleben zu verteidigen, doch habe er als Unerfahrener eigentlich keine Chance gegen die giftgetränkten Pfeile der Feinde, die sich wie Wölfe auf ihn stürzen (trist.4,1,70-84; Pont.1,8,5).

2.3.5. Erfahrung einer Sprachgrenze

Da Ovid als Dichter besonderen Wert auf Sprache legt, ist für ihn die Sprachgrenze wohl die folgenschwerste Grenzerfahrung[43]. Für seine Dichtkunst ist er auf ein lateinsprechendes Publikum angewiesen. Entsprechend schildert er sein Erschrecken nach seiner Ankunft in Tomi über die Ausdrucksformen der dortigen Bewohner, die mit wenigen Ausnahmen der lateinischen Sprache nicht mächtig seien (trist.3,14,43f.; trist.4,1,89f.). Die Unkenntnis der römischen Sprache erklärt Ovid abermals mithilfe der ethnischen Zusammensetzung am Pontus. Diese Stämme verständigten sich nur durch Laute, wie man sie von wilden Tieren kennt: „omnia barbariae loca sunt vocisque ferinae" (trist.5,12,55). Ebenso primitiv müsse sich Ovid mit den dortigen Einwohnern unterhalten, wodurch er Gefahr laufe, seine Muttersprache zu verlernen, zumal er nicht verstanden („nulla mihi cum gente fera commercia linguae" [trist.3,11,9]) und für seine Ausdrucksweise von den Einheimischen verspottet werde: „barbarus hic ego sum qui non intellegor ulli/ et rident stolidi verba Latina Getae" (trist.5,10,37f.). Da keiner der Barbaren nach Ovids Angaben Latein spreche, sei er sogar gezwungen, auch in getischer Sprache zu dichten, wofür er sich bei den Lesern entschuldigt (Pont.4,13,19-38).

2.4 Reale Lebensumstände in Tomi zu Zeiten Ovids

Die Ansichten des Dichters über sein *Tomis ovidianum* werden in seinen Verbannungselegien dargelegt. Er sieht Tomi als *inamabilis* (Ov.met.4,477 und 14,590), es kann auf der ganzen Welt nichts Düstereres geben (trist.5,7,43-44). Vor diesem Hintergrund stellt sich die Frage, ob Ovid mit seiner Darstellung Tomis als *locus horribilis* den dortigen Lebensverhältnissen wirklich gerecht wird. Dazu muss zunächst der Ursprung der Stadt betrachtet werden.[44]

Vor mehr als 2500 Jahren wurde von griechischen Seeleuten und Händlern auf dem heutigen Gebiet des rumänischen Constanța eine ionisch-milesische Kolonie gegründet. Die dortige Bucht und Halbinsel sollten als Handelsort[45] und Schutzhafen gegen Skythen

---

[43] *Diese Ansicht teilt auch Stevens 2009, der sich ebenfalls mit der Sprache im Exil befasst.*

[44] *Die schriftlichen Überlieferungen über die antike Kolonie setzen erst 260 v. Chr. ein, sodass für die Zeit zuvor den archäologischen Funden große Bedeutung zukommt.*

[45] *Tomi wird als empórion („Handelshafen") bezeichnet (Memnon (fr. 21, FHG 3,557)); siehe hierzu Bredow: "Tomi", Der Neue Pauly.*

und Geten dienen. Ovid beschreibt das Küstengebiet um Tomi als längliche Landzunge, die der Stadt nicht nur gegen Feinde, sondern auch gegen die maritimen Einflüsse Sicherheit bot, wobei jedoch zusätzlich die errichtete Mauer zur Verteidigung unbedingt notwendig war (trist.5,2b,67-70). Die Stadt nahm dabei vor allem den westlichen Teil der Insel ein.[46]

Das genaue Gründungsdatum der Kolonie liegt aufgrund der fehlenden antiken Geschichtsschreibung im Dunkeln[47], archäologische Funde deuten jedoch auf die Gründung einer Stadt im 6. Jh. v. Chr. mit skythischer Bevölkerung hin, die friedlich neben den Griechen die Stadt besiedelte. Schließlich war Tomi auch Handelsort zwischen Barbaren und Hellenisten.[48] Nach einem Krieg zwischen Istros[49] und Kallatis um Tomi[50] in der Mitte des 3. Jh. v. Chr. scheint die Hafenstadt eine unabhängige Pólis geworden zu sein.

Tomis Blütezeit liegt ausgerechnet in der Zeit, in der Ovid seinen Verbannungsort als *locus horribilis* beschreibt. Dabei erreichte das römische Heer 29-28 v. Chr. die Dobrudscha und baute dort seinen Machteinfluss aus. Unter der von Rom abhängigen odrysischen Herrschaft erlebte Tomi einen erheblichen wirtschaftlichen (Getreidehandel) und kulturellen Aufschwung[51], sodass es dem ca. 29 v. Chr. gegründeten koinón der westpontischen Städte als *mētrópolis* vorstand. Auch nach der nach den erfolgreichen Feldzügen unter Marcus Licinius Crassus erfolgten Gründung der römischen Provinz Moesien 4 n. Chr. behielt Tomi im 1. Jh. n. Chr. die führende Position am Pontus Euxinus und wurde Sitz der Militärverwaltung mit eigener Münzprägung und römischem Statthalter.

Die griechische Sprache lebte als gesprochene Sprache in sozialen und staatlichen Bereichen fort. Die von Ovid aufgestellte Behauptung, kein Einheimischer spreche

---

[46]*Eine Schilderung der Lage von Tomi ist auch bei Barbulescu 2002 zu finden.*

[47]*Lediglich Hier.chron.95b,4 gibt 657 v. Chr. als Gründungsdatum an.*

[48]*Der thrakische Name der Hafenstadt lässt auf eine thrakische Gründung schließen. So hätten sich die griechischen Händler in einer bereits errichteten Siedlung niedergelassen und die ursprüngliche Einwohnerschaft vertrieben, um schließlich ihre Sekundärstadt auszubauen. Siehe dazu auch Banari 2003, S. 55-57.*

[49]*Istros wurde ebenfalls Istria oder Istropolis genannt. Die Stadt liegt am Unterlauf der Donau am Schwarzen Meer und stand im 4. Jh. v. Chr. unter skythischem Einfluss. Wie in Tomi erweisen sich hier Ausgrabungen von großer Bedeutung. Vgl. dazu Zimmermann, Avram 1987.*

[50]*Zu diesen drei Städten äußert sich ebenfalls Barbulescu, wobei er hohen Wert auf die Ausgrabungsfunde legt (siehe dazu Barbulescu 2002).*

[51]*Dies u.a. wegen der Versandung des Donaudeltas bei Kallatis, das bis zur Zeitenwende zusammen mit Odessos, Dionysopolis und Histria die Oberhand am Pontus innehatte und nun von Tomi abgelöst wurde.*

Griechisch, erscheint nicht korrekt.[52] Auch dürften die römischen Bevölkerungsanteile in Tomi trotz der Diasporasituation besonders nach dem Aufschwung und der Angliederung Tomis an das römische Weltreich groß gewesen sein. Der Dichter scheint daher den Aspekt seiner sprachlichen Grenzerfahrung übermäßig zu betonen, wenn er behauptet, er müsse sich mit tierischen Lauten mit der getischen Bevölkerung verständigen, könne nur noch in getischer Sprache dichten[53] und würde Gefahr laufen, die lateinische Sprache zu verlernen.

Der Dichter stellt somit so nicht existierende militärische[54], ethnische und sprachliche Grenzen in seinen Dienst, die zwar vor dem 1. Jh. v. Chr. bestanden und erfahrbar waren, jedoch durch die griechische Kolonisierung und die Ausweitung des römischen Weltreichs aufgehoben bzw. weiter nach Osten verschoben wurden. Zwar war das skythische Reitervolk nicht verschwunden, es lebte nun aber auf der anderen Seite des Pontus. Daher ist auch Ovids Bezeichnung des Meeres als „skythisches Meer" – *Scythicus Pontus* – falsch (trist.3,4,46). Dies könnte vom Dichter als Kontrast zum römischen Kulturraum des *mare nostrum* gedacht gewesen sein.

Auch Ovids Darstellung der klimatischen Verhältnisse um Tomi muss hinterfragt werden. Neben Fischfang und Handel war die Landwirtschaft ein sehr bedeutender Wirtschaftsbereich der Küstenregion Moesiens. Das Inland um Tomi war in der Antike als der „Getreidespeicher" der Balkanregion bekannt. Auf die Landwirtschaft hatten zahlreiche klimatische Faktoren Einfluss: So liegt Tomi etwas nördlich des 44. Breitenkreises auf Höhe von Florenz.[55] Im heutigen Constanța herrscht – begünstigt durch die Karpaten, die den Zuzug maritimer Luftmassen in den Osten und Süden des Landes verhindern – kontinentales Klima mit heißen Sommern (Temperaturen um 20 °C)

---

[52]*Wie aus Herodots Historien (Herodt.4,8-10) hervorgeht, sei das ganze skythische Volk griechischen Ursprungs. Dies beruht schon auf der Entstehungsgeschichte. So besteht neben der Legende mit dem Gründungsvater Targitaos (vgl. Anm. 25) eine Heldengeschichte, in der der Ursprung der Skythen liegt. Herakles habe im Rahmen seiner 12 Taten für den König Eurystheus einmal bei einer Frau – ein Mischwesen halb Mensch und halb Schlange – in der skythischen Ebene Schutz gefunden. Von dieser erhielt er drei Söhne, von denen der stärkste Sohn einst über das Land herrschen sollte. Dieser tapferste Sohn war Skythes, der das skythische Reich errichtete und nach dem die Skythen benannt wurden. Es treten somit gewisse Widersprüche zwischen den einzelnen Entstehungsgeschichten auf. Doch wenn man die Heldengeschichte nimmt, zeigt sich, dass die Abstammung der Skythen durch Herakles göttlich und durchaus griechisch gewesen ist. So dürften sogar bereits die ersten Skythen der Sprache des Herodot mächtig gewesen sein.*
[53]*Ovids Behauptung, er habe auf Getisch – gar für die kaiserliche Familie (!) – gedichtet, kann mit Bérchez Castaño 2015, 175-189 unter Verweis auf die linguistische Struktur und Syntax des Getischen mit hoher Wahrscheinlichkeit verworfen werden.*
[54]*Durch Verwaltungsreformen der Römer konnten Barbareninvasionen im Umland Tomis verhindert werden.*
[55]*Tomi (44°11′N) liegt ca. 250 km nördlicher als Ovids Geburtsort Sulmo (42° 2′N) bzw. Rom (41°53′N).*

und kalten Wintern (Temperaturen um den Gefrierpunkt). Ovid dagegen beschreibt Tomi, als läge die Stadt im ewigen Eis: „perpetuas obruta terra nives" (Pont.1,3,50) und „numquam sine frigore caelum" (trist.5,2,65). Ovid behauptet darüber hinaus – wie oben erwähnt–, dass sogar das Meer zufriere: „vidimus ingentem glacie consistere Pontum" (trist.3,10,37). Tatsächlich jedoch ist massenhafte Eisbildung auf dem Schwarzen Meer nicht möglich. Auch Ovids Ausführungen, der Boden sei niemals frei von Schnee, halten Wissenschaftler auf Grund der warmen Temperaturen für ausgeschlossen.

Zusammenfassend bleibt zu sagen, dass Ovids Werke zahlreiche Übertreibungen und Unwahrheiten sowohl über die um Tomi siedelnden Völker als auch über die dortigen klimatischen Faktoren beinhalten. Die von ihm geschilderte unmenschliche und menschenfeindliche Umgebung soll dem Leser ganz bewusst ein Schreckensbild vor Augen bringen, um so das Mitleid der römischen Bürger und des Augustus zu erregen.

2.5 Ovids Angaben auf dem Prüfstand der Bevölkerung in Tomi

Wie in 2.4 dargelegt, klaffen Realität und Ovids Schilderung seines Verbannungsorts weit auseinander. Dies bemerkten auch viele dort lebenden Griechen, denen die tatsächlichen Gegebenheiten bekannt waren. Für diese war ihre Darstellung als primitive Barbaren in den Tristien nicht akzeptabel.[56] In Pont.4,14,13-16 an Tuticanus schildert Ovid die Wirkung seiner Werke auf die Öffentlichkeit in Tomi[57]: „iraque carminibus publica mota meis" (V. 16). Der Dichter hat also die *ira publica* der Griechen auf sich gezogen, da er durch die Vermischung der Begriffe Skythien und Tomi den Griechen unterstellt, durch Assimilation selbst skythisch geworden zu sein.[58] Diese Zeichnung ihrer eigenen Personengruppe als barbarisch und unzivilisiert konnten die Griechen nicht akzeptieren.[59]

Neben den indirekten Vorwürfen gegenüber den Tomitanern finden sich jedoch auch direkte Angriffe. Im fünften Buch der Tristien werden die Griechen als Volk beschrieben, das nicht mehr die heimische Kleidung, sondern die persische Tracht trage: „Hos quoque qui geniti Graia creduntur ab urbe/ pro patrio cultu Persica braca tegit" (trist.5,10,33f.).

---

[56]*Vgl. auch Corciu, der die Haltung Ovids gegenüber den Tomitanern schildert (Corciu 1976).*
[57]*Dazu auch Podossinov 1987, der die Ansichten der Bewohner von Tomi noch detaillierter darlegt (vgl. S.117f.).*
[58]*Gemäß Herodot bestehe eine so große Annäherung der beiden Kulturen, dass bereits Völker bestehen, die beide Kulturen vereinen und vermischen. Ein solcher Stamm wäre jener der Kallipiden, die Heodot als Ελληνες Σκύθαι (griechische Skythen) bezeichnet (Herodt.4,17).*
59*Vgl. Froesch 1976, S. 67: „Kein Wunder, dass die Tomitaner sich bei Ovid wegen der Überzeichnung ihrer Heimat beschwert haben".*

Dies musste von den Griechen als schwere Provokation empfunden werden, da Ovid hier eine Unterwerfung ausgerechnet unter die Sitten und Gebräuche des griechischen Erzfeindes aus den Perserkriegen des 5. Jh. v. Chr. unterstellt.

Ovid argumentiert gegen die Einwände der tomitanischen Griechen, niemals über Menschen persönlich, sondern stets nur über die Kälte, den Frost und die Angriffe der Feinde geklagt zu haben. Unter denselben Übeln hätten ja auch die Tomitaner selbst zu leiden (Pont.4,14,25-29). Weiter versucht er die Beschuldigungen abzumildern, indem er schreibt, er könne kein schlechtes Wort über die Griechen in der Region verlieren. Er würde sie auch nicht als Skythen beschimpfen, da sie ihn doch so herzlich aufgenommen haben. Deren Mitgefühl, die neu gewonnenen Freundschaften und die von ihnen entgegengebrachte Liebe würde er verraten, wenn er schändlich über sie schriebe (Pont.4,14,24-60).[60] Das Verhältnis zwischen griechisch-stämmigen Einwohnern und dem Stadtrömer Ovid scheint also nach dessen eigenen Aussagen nicht ungetrübt gewesen zu sein. Allerdings gibt es weder bei Ovid noch in anderen antiken Quellen Hinweise, wie seine Rechtfertigung von den Tomitanern aufgenommen wurde.

---

[60]*Dieselbe Argumentation findet sich auch bei Podossinov 1987.*

3 Fazit: Ovids Dichtkunst zwischen Realität und Fiktion

Ziel der vorliegenden Arbeit war eine Analyse der ovidischen Darstellung seines Exilorts Tomi im Hinblick auf deren Realitätsgehalt unter Berücksichtigung literarischer und externer Gesichtspunkte wie archäologischer, ethnologischer, historischer und klimatischer Befunde. Ein besonderes Augenmerk galt dabei der literarisch interessanten Frage, inwiefern Ovid in seinen beiden Exilwerken das Motiv eines *locus horribilis* für seinen Verbannungsort entworfen haben könnte.

Bis in die Moderne hinein gibt es zahlreiche Wissenschaftler, die Ovids Exildichtung als fundierte Quelle zur Geschichte der Schwarzmeerregion betrachten. Gegen diese Deutung sprechen jedoch wie oben dargestellt sowohl literarische Gründe als auch objektiv historische und naturwissenschaftliche Befunde, die den dichterischen Schilderungen Ovids widersprechen.

Die literarischen Gründe gegen eine solche Annahme zeigen sich in Ovids dichterischer Gestaltung und bewussten Stilisierung seines Exils in Tomi: Diese lässt sich unter landschaftlichen, klimatischen, ethnischen, militärischen und vor allem sprachlichen Gesichtspunkten als eine fünffache Grenzerfahrung aufschlüsseln. Dabei greift Ovid – wie auch schon in seinen vorexilischen Schriften – auf das bei Herodot und Vergil bereits vorgeformte und ikonisch gewordene Skythenbild zurück, womit er auch „dem poetischen Postulat nach variatio, Intertextualität, Topoi und Stilisierungen"[61] als Ideal antiker Dichtkunst gerecht werden will. Dabei verformt Ovid seinen Exilort für das römische Lesepublikum zu einem Alptraum-Ort, „indem er gezielt den aus der Literatur bekannten Topos des *locus amoenus* ins genaue Gegenteil verkehrt"[62]. Dies beginnt bereits mit seiner sprachlich nicht korrekten und darüber hinaus aus einem ebenfalls nicht korrekten Gründungsmythos abgeleiteten Etymologie des Namens Tomi.

Auch die mit Ovids Schilderung von Tomi kontrastierenden archäologischen, klimatischen, historischen, ethnologischen und geographischen Befunde sowie die von Ovid selbst berichtete Reaktion der Tomitaner auf seine negativen Behauptungen über seinen Verbannungsort unterstützen das Urteil, dass die von ihm gegebenen Informationen im Großen und Ganzen wenig glaubhaft sind.

Statt einen Bericht mit geographisch, ethnologisch und klimatisch korrekten Tatsachen zu liefern, dürfte Ovid zwei Absichten mit seinen Exildichtungen verfolgt haben, denen er die historisch nachprüfbare Wahrheitstreue opfern musste: Zum einen wollte er wohl

---

[61]*Vgl. Florian 2007, S. 47.*
[62]*Vgl. Florian 2007, S. 47.*

mit seinen Darstellungen eine Begnadigung durch Augustus und die Rücknahme der *relegatio* erreichen. Dies kann vordergründig als *Zweckpublizistik*[63] bzw. als *Publizistik in eigener Sache*[64] gewertet werden. Zum anderen dürfte Ovids Intention in seinem künstlerischen Anspruch als Dichter liegen, seinem römischen Lesepublikum zu beweisen, dass er trotz der räumlichen Entfernung vom Kulturzentrum Rom in barbarischer und fremder Umgebung, abgeschnitten von jedem kulturellen Austausch, dennoch in der Lage sei, weiter auf Lateinisch zu dichten und herausragende Werke zu verfassen.

Sein erstes Ziel, die Begnadigung durch Augustus, hat Ovid mit seinen beiden Exildichtungen nicht erreicht: Er starb 17 n. Chr. in Tomi, ohne noch einmal in Rom gewesen zu sein. Im Gegensatz dazu gelang ihm mit seinen Episteln, deren Publikation von Ovid explizit gewollt war, in den Worten von Claassen „the Triumph of Poetry"[65]: Bis heute gilt Ovid nicht nur als Begründer der Exilliteratur[66], sondern darf aufgrund seiner fiktiven Ausgestaltung und literarisch virtuosen Gestaltung auch als Schöpfer des Topos vom *locus horribilis* gelten – dem Kontrastbild zum weiter verbreiteten Topos des *locus amoenus*.

Auch wenn man nicht so weit gehen darf, die Tatsache des ovidischen Exils gänzlich als Fiktion zu begreifen[67], so enthalten die Exildichtungen Ovids doch nebeneinander reale und fiktive Elemente. Der rumänische Autor Vintila Horia, Verfasser des 1960 erschienenen Ovid-Romans „Dieu est né en exil. Journal d'Ovide à Tomes", fasst dies so zusammen: „Ich habe nichts zu erklären, ich habe nichts zu rechtfertigen. Ich bin meine Bücher. Alles andere ist keine Literatur"[68].

---

[63]*Vgl. von Albrecht 1994, S. 635.*
[64]*Vgl. Kraus 1968.*
[65]*So der Bestandteil ihres Aufsatztitels (Claassen 1988).*
[66]*Florian 2007 spricht unter Verweis auf Froesch und Doblhofer vom „Archeget" der Exilliteratur (S. 20).*
[67]*Vgl. die in Anm. 13 zitierten Autoren. Nach Florian 2007 sprechen gegen die Annahme eines solchen „Bluffs" eines erfundenen Exils vor allem der lange Zeitraum von 10 Jahren, die in diesem Zeitraum nachvollziehbare literarische Entwicklung Ovids, der z.T. unspektakuläre und monotone Inhalt der beiden Werke, die Nennung verschiedener Besucher als Augenzeugen seines Exils sowie die häufigen Appelle an Augustus, dessen Ausnutzung zur reinen Aufrechterhaltung einer dichterischen Fiktion für Ovid (lebens-)gefährlich gewesen wäre (vgl. Florian 2007, S. 48f.).*
[68]*Zit. nach Bérchez Castaño 2015, 261. Übertragung aus der spanischen Übersetzung durch P.S.*

4 Literaturverzeichnis

Primärliteratur (Exilwerke von Ovid)

P. Ovidius Naso: Tristia / Epistulas ex Ponto. Briefe aus der Verbannung, übs. v. G. Luck, W. Willige, Zürich und Stuttgart 1963.

P. Ovidius Naso: Gedichte aus der Verbannung: Eine Auswahl aus „Tristia" und „Epistulas ex Ponto", übs. v. N. Holzberg, Stuttgart 2013.

Primärliteratur von weiteren antiken Schriften und Werken

Aischylos: Tragödien und Fragmente [gr. u. dt.] Tusculum-Verlag, Hg. u. übs. v. O. Werner, München 1959.

M. Tullius Cicero: De natura deorum [lat. u. dt.] Vom Wesen der Götter. Tusculum Verlag, übs. v. W. Gerlach, K. Bayer, München 1978.

P. Ovidius Naso: Liebesgeschichte. Ovidi Amores. [lat. u. dt.] Tusculum-Verlag, übs. v. R. Harder, W. Marg, Kempten 1956.

P. Ovidius Naso: Metamorphosen. [lat. u. dt.] Tusculum-Verlag, übs. v. E. Rösch, München 1961.

Ovide: Héroides, v. H. Bornecque, Paris 1955.

Sekundärliteratur (Schriftliche Forschungsliteratur)

A. Avram: The Getae. Selected Questions, in: G. Tsetskhladze (Hg.): The Black Sea, Greece, Anatolia and Europe in the First Millennium BC, Leuven 2011, 61-76.

A. Avram, K. Zimmermann: Archäologische Ausgrabungen in Histria Pod, SR Rumänien. Zwischenbericht über die vorläufigen Ergebnisse der Kampagnen 1980-1985, Berlin 1987.

V. Banari: Tomis, in: Ders. (Hg.): Die Beziehungen von Griechen und Barbaren im nordwestlichen Pontos-Gebiet. Untersuchungen zu Handel- und Warenaustausch vom 7. bis 3. Jhd. v. Chr. auf Grundlage der archäologischen Funde und schriftlichen Quellen im Nordwesten des Schwarzen Meeres, Mannheim 2003, 55-57.

R. Barbulescu: Tomi, in: Ders. (Hg.): Vergessene griechisch-römische Antike in der Dobrudscha, Dresden 2002, 35-46.

M. Beck: Tatort Tomi, in: S. Conrad, R. Einicke, A. Furtwängler (et al.) (Hg.): Pontus Euxeinos. Beiträge zur Archäologie und Geschichte des antiken Schwarzmeer- und Balkanraumes, Langenweißbach 2006, 391-396.

E. Bérchez Castaño: El destierro de Ovidio en Tomis. Realidad y ficción, València 2015.

D. Bogs: Erwägungen über die Gründe der Relegation des Dichters Ovid mit einer kurzen Darstellung des Lebensganges des Dichters, Bad Honnef-Bielefeld 1980.

J-M. Claassen: Ovid's Poems from Exile. The Creation of a Myth and the Triumph of Poetry, in: W. Koppenfels, H. Krasser, W. Kühlmann (et al.) (Hg.): Antike und Abendland, Hamburg 1988, 158–169.

J-M. Claassen: Displaced persons: the literature of exile from Cicero to Boethius, Madison 1999.

N. Corciu: L'attitude d'Ovide envers les Tomitains, in: N. Barbu, E. Dobroiu, M. Nasta (Hg.): Acta conventus omnium gentium Ovidianis studiis fovendis, Universitas Bucurestiensis 1976, 203-207.

V. Coroleu Oberparleiter: Exil und Literatur: Interdisziplinäre Konferenz anlässlich der 2000. Wiederkehr der Verbannung Ovids, Salzburg 2010.

E.R. Curtius: Europäische Literatur und lateinisches Mittelalter, Bern - München 1948.

E. Doblhofer: Exil und Emigration: zum Erlebnis der Heimatferne in der römischen Literatur, Darmstadt 1987.

W. Ehlers: Poet und Exil. Zum Verständnis der Exildichtung Ovids, in: Antike und Abendland 34 (Hamburg 1988) 144-157.

A. Ezquerra: Ovid in Exile. Fact or Fiction, in: Annals of Ovidius University Constanta, Constanta 2010, 107-26.

C. Favez: Les Gètes et leur pays vus par Ovide, Société d´études latines de Bruxelles, Brüssel 1951, 425-432.

A.D. Fitton Brown: The unreality of Ovid's Tomitan exile, Liverpool Classical Monthly 10.2 (1985) 18-22.

V. Horia: Gott ist im Exil geboren, Wien 1961 (frz. Original: Dieu est né en exil. Journal d'Ovide à Tomes, Wien 1960).

K. Florian: Ovids Jahre am Pontus: eine diachronische Analyse der Tristien und Epistulae ex Ponto als ein frühes Beispiel europäischer Exilliteratur, Innsbruck 2007.

J.M. Frécaut: L´Esprit et l´humour chez Ovide, Grenoble 1972.

H. Froesch: Ovid als Dichter des Exils, Bonn 1976.

J. Gaertner: Ovid and the 'Poetics of Exile'. How Exilic is Ovid´s Exile Poetry, in: Ders. (Hg.): Writing Exile: The Discourse of Displacement in Graeco-Roman Antiquity and Beyond, Leiden 2007, 155-172.

M. Giebel: Ovid: mit Selbstzeugnissen und Bilddokumenten, Reinbek 1991.

R. Hexter: Ovid and the Medieval Exilic Imaginary, in: J. Gaertner (Hg.): Writing Exile. The Discourse of Displacement in Graeco-Roman Antiquity and Beyond, Leiden 2007, 209-236.

J. Hind: The Black Sea. Between Asia and Europe (Herodotus' Approach to his Scythian Account), in: G. Tsetskhladze (Hg.): The Black Sea, Greece, Anatolia and Europe in the First Millennium BC, Leuven 2011, 77-94.

R. Kettemann: Ovids Verbannungsort - Ein Locus horribilis?, in: W. Schubert (Hg.): Ovid. Werk und Wirkung, Frankfurt 1999, 715-735.

W. Kraus: Ovidius Naso, in: M. von Albrecht, E. Zinn (Hg.): Ovid, Darmstadt 1968.

I. Männlein-Robert: Wilde Skythen - weise Griechen. Die Religion und Grenzen im Skythenlogos Herodots, in: J. Robert, F.F. Günther (Hg.): Poetik des Wilden, Würzburg 2012, 117-136.

P. Marzolff: Die Flußgrenze, in: E. Olshausen, H. Sonnabend (Hg.): Stuttgarter Kolloquium zur Historischen Geographie des Altertums (4, 1990), Amsterdam 1994, 347-362.

C. Pieper: Polyvalent Tomi - Ovid's Landscape of Relegation and the Romanization of the Black Sea Region, in: J. Mcinerney,I. Sluiter (Hg.): Valuing Landscape in Classical Antiquity, o.A. 2016.

A. Podossinov: Ovids Dichtung als Quelle für die Geschichte des Schwarzmeergebietes, Konstanz 1987.

A. Rădulescu: Ovid in Exile, Iaşi 2002.

C. Ransmayr: Die letzte Welt, Nördlingen 1988.

U. Schmitzer: Das Kaff, das Irgendwo. Die Erfindung von Tomi durch Ovid und Christoph Ransmayr, in: J. Lajarrige (Hg.): Lectures croisées de Christoph Ransmayr: Le dernier des mondes, Paris 2003, 13-32.

S. Seibert: Ovids verkehrte Welt. Spiegel des Erzählers – Spiegel des Mythos – Spiegel Roms, Berlin 2014.

H. Sonnabend: Ovid in Tomi. Grenzwahrnehmung aus dem Exil, in: A. Gestrich, M. Krauss (Hg.): Migration und Grenze, Stuttgart 1998, 40-48.

B. Stevens: Per Gestum Res Est Significanda mihi. Ovid and language in exile,Classical Philology 104 (2009), 162-183.

G. Tsetskhladze: The Scythians. Three Essays, in: Ders. (Hg.): The Black Sea, Greece, Anatolia and Europe in the First Millennium BC, Leuven 2011, 95-140.

Sekundärliteratur (Wissenschaftliche Internetquellen)

I. Bredow: "Tomi", in: Der Neue Pauly; Consulted online on 08 September 2018, URL: http://dx.doi.org.0012cdrt0372.emedia1.bsb-muenchen.de/10.1163/1574-9347_dnp_e1217040.

J. Burian, F. Schön, A.-M. Wittke: "Moesi, Moesia", in: Der Neue Pauly; Consulted online on 08 September 2018, URL: http://dx.doi.org.0012cdrt02e2.emedia1.bsb-muenchen.de/10.1163/1574-9347_dnp_e808240.

U. Manthe: "Lex Iulia et Papia", in: Der Neue Pauly. Consulted online on 02 November 2018, URL: http://dx.doi.org/10.1163/1574-9347_dnp_e703210.

E. Olshausen: "Pontos Euxeinos", in: Der Neue Pauly. Consulted online on 08 September 2018, URL: http://dx.doi.org.0012cdrt021e.emedia1.bsb-muenchen.de/10.1163/1574-9347_dnp_e1004570.

Z. Végh: "Relegatio", in: Der Neue Pauly; Consulted online on 18 September 2018, URL: http://dx.doi.org/10.1163/1574-9347_dnp_e1020600.